¡Zum y zas!

por Olga Melania Ulloa • ilustrado por Liisa Chauncy Guida

Destreza clave Sílabas con Zz

Scott Foresman
is an imprint of

¡Zum y zas!
El barco zarpa ya.

Hoy yo me voy por el mundo a viajar.

Llevo comida para el viaje.
Sí, ¡zanahorias y zacate!

Llevo mis zapatos zuecos.
Así no me mojo los dedos.

¡Zum y zas!
En el agua azul me zambullo ya.

¡Zum, zas y zumbo!
En un avioncito cambio el rumbo.

¡Zumbo, zum y zas!
A mi casa llegué ya.